Anselm Grün

Das Glück des Einklangs

im ABC der Lebenskunst

Mit Fotografien von Micha Pawlitzki

HERDER

FREIBURG · BASEL · WIEN

Viele Menschen fühlen sich heute innerlich zerrissen, erleben sich hin- und hergerissen zwischen Angst und Vertrauen, zwischen Kraft und Schwäche, zwischen Geist und Trieb, zwischen ihrer spirituellen Sehnsucht und den Anforderungen des Alltags. Da sehnen sie sich nach Einklang. Sie möchten in sich selbst eins sein. Sie möchten bei den vielen Konflikten in der Gesellschaft die Einheit in der Familie erfahren und leiden darunter, dass auch hier oft Streit und Spaltung herrschen. Die Sehnsucht nach Harmonie, nach Einssein ist uralt. Sie hat schon die griechischen Philosophen bewegt. Sie war letztlich die Triebkraft für das Denken der größten griechischen Denker wie Heraklit, Platon, Parmenides und Plotin. Die Sehnsucht nach Einssein bewegt uns heute genauso wie damals.

Die Frage ist, wie wir einen Weg finden, mit uns in Einklang zu kommen und das Einssein mit uns selbst und mit anderen Menschen zu erleben.

Jeder hat wohl schon die Erfahrung gemacht, dass er sich ganz eins mit sich selbst gefühlt hat. Der eine hat nach langer Wanderung den Gipfel erklommen und schaut die Schönheit der Bergwelt um sich herum. Er hat den Eindruck, die Anstrengung und der Schweiß hätten sich gelohnt. Jetzt fühlt er sich so richtig eins und zufrieden mit sich selbst. Er ist einfach da. Er spürt seinen Leib. Alles ist gut, so wie es ist. Eine Frau fühlt sich eins mit sich und der Welt im Tanzen. Da genießt sie jeden Schritt. Da kann sie sich selbst vergessen. Ein Musiker spürt den Einklang, wenn er mit den Tönen seiner Geige eins wird. Da denkt er nicht über etwas nach. Da ist er nur noch im Spielen.

Solche Erfahrungen möchten wir am liebsten festhalten. Doch schon im nächsten Augenblick fühlen wir uns innerlich zerrissen. Das Einssein dauert immer nur kurze Augenblicke.

Schon Kinder haben die Fähigkeit, mit sich und der Welt eins zu sein. Wenn wir Kinder beim Spielen beobachten, spüren wir, dass sie ganz im Spielen sind. Sie geben sich dem Spielen hin, alles andere ist unwichtig. Indem sie sich vergessen, sind sie ganz gegenwärtig, ganz im Einklang mit sich und dem Augenblick. Jeder kennt wohl solche Erfahrungen aus der Kindheit, in denen er sich eins gefühlt hat. Ein Mädchen fühlt sich eins, wenn es mit ihren Puppen spielt und dabei letztlich seine eigene Seele darstellt. Ein Junge kann alles vergessen, wenn er auf dem Dachboden seine eigene Welt mit den dort vorhandenen Utensilien aufbaut. Er geht auf in seiner Welt. Da ist alles in Ordnung. Er ist seine Welt und geht einfach nur seinen Träumen nach. Stundenlang ist er ganz bei sich und seinen Träumen.

In solchen Augenblicken sind Kinder glücklich, eins mit sich und der Welt.

Im Gespräch kommt manchmal das Gefühl von Einssein auf. Neulich war eine Journalistin da, um mich zu interviewen. Aber es ging nicht nur um Fakten und um ihre Fragen, die sie vorbereitet hatte. Auf einmal war da ein Einklang spürbar. Sie konnte über sich sprechen. Sie fühlte sich verstanden. Ich spürte eine gleiche Wellenlänge. Das Gespräch war einfach da. – Als ich dann innehielt, war ich dankbar für dieses Gefühl von Harmonie. Ich kannte diese junge Frau gar nicht. Wir begegneten uns zum ersten Mal. Aber es stimmte einfach. In so einer Atmosphäre von Einssein gelingt das Gespräch. Da bekommt es eine Tiefe, die man nicht machen kann. Da braucht keiner sich darzustellen. Da strömt es einfach. Da ist Einheit da.

Umso schmerzlicher erlebe ich wieder die Distanz in Gesprächen, die nur gemacht sind.

Freunde sind glücklich, wenn sie sich eins fühlen. Sie verstehen sich, ohne dass sie sich verständigen müssten. Sie wissen um den andern. Sie achten den andern so, wie er ist. Sie sind frei von dem Drang, den andern verändern oder kritisieren zu müssen. Jeder darf sein, wie und wer er ist. Die Einheit spüren sie im Gespräch, aber oft genug auch im Schweigen. Sie gehen schweigend nebeneinander und erleben sich doch eins miteinander. Am tiefsten erleben sie diese Einheit in der Umarmung oder im Kuss. Da sind sie eins miteinander. Aber auch diese Einheit können sie nicht festhalten. Es gibt wieder Phasen, da fühlen sie sich fremd. Da nehmen sie ihre Einsamkeit wahr.

Es gibt Bereiche, in die der andere nicht vordringt, in denen ich mich unverstanden und allein fühle.

Viele klagen heute über ihre Einsamkeit, ihr Alleinsein. Peter Schellenbaum setzt gegen diese Klage das Staunen darüber, wie wunderbar es ist: allein, all-eins, mit allem eins, im Einklang zu sein. Ich kann das Alleinsein als Qual erleben. Aber ich kann es auch bewusst wahrnehmen. Wenn ich mich allein fühle, gehe ich diesem Alleinsein auf den Grund. Und im Grunde fühle ich mich dann mit allem eins. Das war das Geheimnis der Mönche. Sie haben sich zurückgezogen. Sie haben sich getrennt von allen Menschen. Aber in dieser Einsamkeit erfuhren sie eine tiefe Harmonie mit allen Menschen, ja mit der ganzen Schöpfung.

So definiert Evagrius Ponticus den Mönch: „Ein Mönch ist ein Mensch, der sich von allem getrennt hat und sich doch mit allem verbunden fühlt."

Wer sich eins fühlt mit sich selbst, der ist auch einverstanden mit sich und seinem Leben. Er hört auf, gegen seine Vergangenheit zu rebellieren oder sich gegen seinen Charakter aufzulehnen. Er hat das Gefühl: Es darf alles so sein, wie es ist. Ich bin nicht vollkommen. Aber ich muss es auch gar nicht sein. Ich habe Schattenseiten. Aber die dürfen sein. Sie haben ein Recht auf Leben. Wenn ich sie annehme, dann erweitern sie meinen Horizont. Einklang, Einssein, ist kein Einheitsbrei. Vielmehr besteht Einklang darin, dass ich die Gegensätze in mir annehme. Das braucht Mut. Denn wir möchten viel lieber eindeutig sein, als uns mit den eigenen Schattenseiten auszusöhnen, mit der verdrängten Aggression und Wut, mit den unbewussten Bedürfnissen.

Einklang entsteht jedoch nur, wenn wir es fertig bringen, alles Gegensätzliche in uns anzunehmen und als zu unserem Leben gehörend zu begrüßen.

Für C.G. Jung ist das Kreuz das tiefste Symbol für menschliches Einswerden. Das Kreuz ist ein Ursymbol, das schon lange vor Christus in allen Religionen die Einheit aller Gegensätze darstellte. Wenn ich in der Kreuzgebärde meine Arme weit ausspanne, dann erlebe ich, wie mich die Gegensätze zerreißen können. Doch wenn ich diese Haltung aushalte, spüre ich auf einmal Weite und Freiheit. Ich fühle mich eins mit dem ganzen Kosmos. Nichts Menschliches, nichts Irdisches, nichts Kosmisches ist mir fremd. Alles hat Platz in mir. Alles darf sein.

In diesem Einssein mit den Gegensätzen in mir fühle ich mich einverstanden mit mir. Das weitet mein Herz. Ich könnte die ganze Welt umarmen. Ich fühle mich eins mit allem, was ist.

In der Ehe kann die tiefste Harmonieerfahrung das Einswerden in der sich auch sexuell verströmenden Liebe sein. Da scheinen die Ehepartner miteinander zu verschmelzen. Doch es ist kein wirkliches Verschmelzen. Es ist ein Einswerden mit dem anderen, der er selbst bleibt. In diesem Einswerden klingt eine Ahnung von absolutem Einssein an. Der jüdische Philosoph Walter Schubart meint: „Wenn sich zwei Liebende finden, so schließt sich an einer Stelle des Kosmos die Wunde der Vereinzelung." Da entsteht Einklang. Für Schubart ist das Einswerden der Ehepartner im sexuellen Akt „ein Vorspiel der Wiederverschmelzung von Gott und Welt".

Da blitzt die Ahnung auf, dass es absolutes Einssein gibt. Aber zugleich spüren die Ehepartner, dass sie doch zwei bleiben. Einer wird mit dem andern eins, ohne selbst aufgelöst zu werden.

Wenn ich im Sommer morgens schon vor sechs Uhr durch unsere Bachallee spazieren gehe und die frische Luft um mich herum spüre, die Vögel singen höre und die Sonne langsam steigen sehe, dann fühle ich mich in Harmonie mit der Schöpfung. Dann erlebe ich mich zugehörig zur Natur. Die Natur bewertet mich nicht. Sie lässt mich einfach sein. Ich bin ein Teil von ihr. Im Urlaub ist es für mich eine schöne Erfahrung, mich in eine Sommerwiese zu legen und mich einfach von der Sonne bescheinen zu lassen. Ich fühle mich dann getragen von der Mutter Erde. Ich bin eins mit ihr. Das Leben, das um mich herum aufblüht, ist auch in mir und durchdringt mich. Die Zärtlichkeit, mit der mich der Wind umweht, erfüllt mich.

Ich bin wie die Schöpfung um mich herum von Gott geschaffen, getragen und von seinem Geist durchdrungen.

Jesus betet beim letzten Abendmahl für seine Jünger: „Alle sollen eins sein: Wie du, Vater, in mir bist und ich in dir bin, sollen auch sie in uns sein“ (Johannes 17,21). Viele deuten diese Worte auf die Gemeinschaft der Christen. Das ist eine mögliche Deutung. Aber zugrunde liegt ja die griechische Philosophie des Einsseins. Jesus bittet darum, dass die urmenschliche Sehnsucht nach Einssein sich erfüllt. Und er zeigt zugleich einen Weg, wie wir mit uns eins werden können. Wir müssten wie er herabsteigen vom Himmel und alles Irdische hineinholen in den Einklang mit Gott.

Wir brauchen die Demut, den Mut, hinabzusteigen in unsere eigene Menschlichkeit, in die Erdhaftigkeit, in die Schattenbereiche unserer Seele, um alles in die Einheit mit Gott hineinzuheben. Wenn das Dunkle in Gott ist, dann vermögen wir es auch selbst anzunehmen und uns damit auszusöhnen.

Die faszinierende Erfahrung der ersten Christen war, dass auf einmal Juden und Griechen, Herren und Sklaven, Männer und Frauen, Arme und Reiche miteinander eine Gemeinschaft bildeten und miteinander Einssein erfuhren: „Die Gemeinde der Gläubigen war ein Herz und eine Seele." So charakterisiert Lukas die Urgemeinde in Jerusalem. Nach solchem Einklang sehnen sich heute die christlichen Kirchen. Sie sehnen sich, die Spaltung, die ihr Zeugnis nach außen hin trübt, aufzuheben und gemeinsam zum Sauerteig des Friedens für diese Welt zu werden. Doch es geht nicht nur um die Einheit zwischen den Kirchen. Jede Kirche macht die Erfahrung, dass auch in ihr Spaltungen entstehen, weil jeder sich auf seine Auslegung der Botschaft versteift.

Je tiefer die Erfahrung des Glaubens ist, desto weniger streiten sich die Menschen. Daher ist der Weg der spirituellen Erfahrung ein Weg zu immer größerer Einheit und Harmonie.

Jede Gemeinschaft macht heute die Erfahrung, wie schwer es ist, Einssein zu leben. Das beginnt schon in der Familie. Konflikte und Missverständnisse bedrohen ihr Einssein. Die Kinder streben immer mehr nach außen. Manchmal entfremden sie sich so sehr, dass sie nicht mehr miteinander sprechen können, sondern sich sogar anfeinden. Vereine und Firmen haben Probleme, ihre Mitglieder zu einer gemeinsamen Aufgabe zusammenzuführen. Es geht nicht darum, alle in eine vorgegebene Einheitsideologie hineinzupressen. Einheit entsteht nicht dadurch, dass alle die gleiche Meinung vertreten. Das wäre eine Einheitsideologie, die der Würde des Menschen widerspricht.

Einheit ist immer Einheit in der Vielfalt. Nur wenn jeder ganz er selbst sein darf, wird er fähig, im Miteinander immer wieder ein Einssein zu erfahren.

Das letzte Ziel des Menschen ist es, mit Gott eins zu werden. Heute sprechen viele geistliche Autoren von dieser Sehnsucht nach Einswerden mit Gott. Doch zugleich gibt es auch hier die Gefahr, dass manche vor lauter Einheitsmystik gar nicht merken, wie sie die Menschen um sich herum spalten. Sie versuchen, die spaltenden Tendenzen der eigenen Seele zu überspringen, indem sie sich in die Einheit mit Gott flüchten. Und sie verstehen die Einheit so, als ob sich das eigene Ich in Gott hinein auflöse, so wie die Welle im Meer. Doch solche Verschmelzungsmystik ist eine ungesunde Regression, die zur Auflösung der Person und oft genug in die Krankheit führt.

Auch im Einklang mit Gott erlebe ich immer nur ein Gegenüber, ein Einswerden mit einem andern, den ich nicht vereinnahmen kann, Einswerden mit dem ganz anderen, mit dem unverfügbaren Du Gottes.

Schon in der frühen Kirche gab es große Diskussionen, wie wir wohl das Einswerden mit Gott verstehen können. Als Modellfall galt das Einswerden Gottes mit dem Menschen in Jesus Christus. Das Konzil von Chalcedon hat in die hitzigen Auseinandersetzungen eine nüchterne und doch zugleich geniale Formel eingebracht: Jesus war wahrer Gott und wahrer Mensch, aber unvermischt und zugleich ungetrennt. Das gilt auch für uns, die wir vergöttlicht werden. Gott ist in uns. Er lässt sich nicht mehr von uns trennen. Er hat sich an uns gebunden. Und doch ist er unvermischt in uns. Er löst sich nicht in uns auf und wir nicht in ihn. Was das Konzil da für die Natur Jesu definiert hat, gilt für jede tiefe spirituelle Erfahrung:

Wir werden in der mystischen Erfahrung eins mit Gott. Aber wir bleiben ganz und gar Mensch, der eigenen Schwäche und Begrenztheit unterworfen. Und doch ist Gott in uns und mit uns eins. Und in der Einheit mit Gott werden wir auch eins mit uns selbst, mit unserem Wesenskern.

Das Ziel der Mystik ist das Einswerden mit Gott. Die Mystik stellt aber vor den Weg der Einigung zuerst den Weg der Reinigung und den der Erleuchtung. Zuerst muss all das Trübe und Unklare in uns gereinigt und das Dunkle in uns erleuchtet werden, damit sich der Raum öffne, mit Gott eins zu werden. Manche schwärmen heute so vom Einswerden mit Gott, dass sie glauben, sie könnten die ersten beiden Schritte der Reinigung und Erleuchtung überspringen. Doch dann wird es nur eine Pseudomystik. Sie stellen sich mit ihrer Mystik nicht selten über andere und schaffen so gerade keine Harmonie, sondern Spaltung. Sie überspringen ihre eigene Zerrissenheit und meinen, sie seien schon eins mit Gott.

In Wirklichkeit landen sie bei ihrer eigenen Verschmelzungssehnsucht. Sie bleiben in sich gefangen und erleben nicht wirkliches Einswerden mit Gott und mit sich selbst.

Vom Mönchsvater Benedikt wird erzählt, dass er in einem einzigen Strahl der Sonne die ganze Welt erblickt hat. Das ist eine Einheitserfahrung, wie sie heute viele ähnlich erleben. Es ist die Erfahrung, dass uns auf einmal alles klar ist. Es gibt Augen-blikke, da blicken wir durch. Da schauen wir auf den Grund. Wir sehen nichts Bestimmtes. Wir können nicht sagen, was wir gesehen haben. Aber auf einmal ist alles klar. Selbst wenn in unserem Kopf noch vieles durcheinander ist, ist in der Tiefe unseres Geistes alles klar. In diesem Augenblick sind wir eins mit allem, was ist. Und wir sind auch einverstanden mit allem, was ist. Auch wenn unser Herz noch gegen vieles rebelliert, in der Tiefe unserer Seele sind wir einverstanden mit dem Leben, stimmen wir dem zu, was ist.

Das sind Erfahrungen von Harmonie, die heute nicht nur fromme Menschen machen, die vielmehr als göttliche Überraschung auch solchen geschenkt werden, die meinen, sie seien gar nicht religiös.

Es gibt Übungswege, wie wir Einklang und Einssein erfahren können. Wenn ich mich ganz auf den Atem einlasse, ohne ihn zu kontrollieren, wenn ich einfach mein Atem bin, kann das zu einer Erfahrung des Einsseins führen. Oder ich versuche, ganz langsam zu gehen und nur in jedem meiner Schritte zu sein. Dann steigt auch eine Ahnung von Harmonie auf. – Viele kennen solche Erfahrungen aber gerade dort, wo sie nicht bewusst geübt haben. Eine Frau, die jahrelang Therapie gemacht hatte, um sich selbst mit ihren Verletzungen annehmen zu können, erzählte mir, wie sie im Urlaub auf einer Bank saß. Auf einmal fühlte sie sich ganz eins. Sie wusste nicht, woher diese Erfahrung kam. Sie war auf einmal einverstanden mit sich und ihrer Lebensgeschichte.

Alles war gut. Alles durfte sein. Sie war einfach nur da und war glücklich dabei.

Hermann Hesse erzählt von Siddharta, dass er zuerst in strenger Askese das Einssein mit Gott gesucht hat. Doch er landete in der Verzweiflung, in der Zerrissenheit. Da warf er sich auf das Gegenteil. Er lebte alle seine Wünsche und Triebe bis zum Exzess aus. Doch auch das führte ihn nicht wirklich zum Sich-Vergessen und zum Einklang mit sich selbst. Als er enttäuscht über sich alles Streben nach Einswerden aufgegeben hatte, saß er am Fluss und beobachtete nur das Strömen des Wassers. Auf einmal spürte er eine tiefe Einheit allen Seins. Alles war auf einmal Strömen. Er fühlte sich eins mit sich und seiner Zerrissenheit. Und er fühlte sich eins mit den „Kindermenschen", die er früher verachtet hatte, weil sie so oberflächlich und naiv waren. Jetzt überkam ihn auch ein Einssein mit Gott.

Als er das verkrampfte Streben nach Einheit aufgegeben hatte, als er sich selbst losgelassen hatte, war er frei dafür, mit allem und letztlich mit Gott eins zu werden.

Einer der wichtigsten Vertreter der Einheitsmystik ist Meister Eckhart. Er spricht immer wieder von der Einheit zwischen Gott und Mensch und von der Einheit aller Dinge in Gott. Die Voraussetzung, dass der Mensch mit Gott eins werden kann, ist, dass er sich aller Bilder von ... und Gedanken über ... entledige. Solange noch ein Bild in uns ist, steht das Bild zwischen uns und Gott. Für Eckhart ist das reine Schweigen der Weg, eins zu werden mit Gott und mit allem, was ist. Solange wir über Gott nachdenken oder bei den Bildern von Gott stehen bleiben, sind wir von Gott getrennt. Das Bild des Einswerdens ist für Meister Eckhart die Gottesgeburt. Und Gott wird im tiefsten Schweigen geboren, dort, wo kein Gedanke, keine Sorge, kein Zweifel und keine Erwartung von Menschen hindringen.

Auf dem Grund der Seele, in dem alles schweigt, da wird Gott in uns geboren. Da werden wir eins mit ihm und mit allem Sein. An solchem Einklang – so meint Eckhart – ist unsere ganze Seligkeit gelegen.

Wer möchte nicht die Erfahrung von Einssein und Einklang festhalten? Doch das gelingt nicht. Nach der schönsten Harmonieerfahrung kritisiert uns der Nachbar. Und schon fühlen wir uns zerrissen. Oder uns ärgert eine Schnake, die uns sticht. Und schon fallen wir aus unserer Einheit heraus. Wer immer die Einheit erfahren möchte, muss lernen, die Spannungen seines Lebens auszuhalten. Zum Leben gehört das ständige Schwanken zwischen Einssein und Zerrissenheit, zwischen Einheit und Spaltung, zwischen Spannung und Zusammenfallen aller Gegensätze. Das ist unser Geschick. Wer diesem Schicksal entrinnen will, erhebt sich über sein Menschsein. Er macht aus dem Einssein eine Ideologie. Er glaubt, eins zu sein.

In Wirklichkeit hat er sich selbst noch nie ganz, eins erlebt. Er flieht lieber in ein kosmisches Bewusstsein, in eine regressive Verschmelzung.

Liebe Leserin, lieber Leser, ich bin mir sicher, dass Sie schon öfter die Erfahrung des Einklangs, der Harmonie gemacht haben. Mit meiner Beschreibung des Einsseins kann ich Ihnen nichts Neues sagen, ich möchte Sie vielmehr dazu einladen, Ihre Erfahrungen bewusster wahrzunehmen. Halten Sie öfter einmal inne und spüren Sie sich einfach in sich hinein. Spüren Sie Ihren Leib und seien Sie dankbar dafür. Folgen Sie Ihrem Atem und versuchen Sie, nur Atem zu sein. Oder seien Sie ganz im Schauen oder im Hören oder im Schmecken oder Riechen.

Dann werden Sie ahnen, was es heißt: sich zu vergessen und ganz eins zu sein, im Einklang mit dem Augenblick, in Harmonie mit sich selbst, mit der ganzen Schöpfung, mit allen Menschen und letztlich eins zu sein mit Gott.

www.herder.de
Gesamtgestaltung: Greenstuff Design, München
Satz /Aufbau: Reprographia Medienhaus-Lahr
Herstellung: L.E.G.O. Olivotto S.p.A., Vicenza 2004
Gedruckt auf umweltfreundlichem,
chlorfrei gebleichtem Papier
ISBN 3-451-28445-6